AF250860

LE PRINCE NAPOLÉON

ET SES DOCTRINES

DISCOURS

PRONONCÉ

A Bassac, le 24 Juillet 1879

PAR

M. Gustave CUNEO D'ORNANO

Député de l'arrondissement de Cognac.

PARIS

BLIOTHÈQUE NAPOLÉONIENNE

Victor DAIREAUX

156, Rue de Rivoli, 156

PRIX : 15 CENT.

RÉUNION DE BASSAC

Jeudi dernier, 24 courant, un service funèbre a été célébré, en l'église de Bassac, pour le repos de l'âme de S. A. Mgr le Prince Impérial.

Dès le matin, une foule recueillie arrivait par toutes les routes. Les soixante-deux communes de l'arrondissement de Cognac ont voulu être représentées. L'église de Bassac, qui est une des plus vastes du département, n'a pu contenir tout le monde. M. Cuneo d'Ornano s'y est rendu, à onze heures précises, revêtu de ses insignes de député. Et le service a commencé.

L'intérieur de l'Eglise était tapissé de tentures noires avec la lettre N. Un catafalque, couvert de velours noir, avec des broderies d'argent, était au centre de la nef. L'organiste de Cognac et plusieurs musiciens de la ville assistaient les chantres de Bassac, qui se sont surpassés.

Jamais cérémonie plus imposante ne fut suivie par une assistance plus émue.

Après le service funèbre, deux ou trois mille hommes se sont précipités vers l'immense chais où une réunion politique devait avoir lieu. Une tribune avait été préparée pour M. d'Ornano, qui a prononcé le discours annoncé sur « *le prince Napoléon et ses doctrines.* »

Voici, à peu de chose près, le texte de ce discours que l'auditoire, pendant plus de deux heures, a sans cesse souligné par ses applaudissements sympathiques :

DISCOURS DE M. CUNEO D'ORNANO

Messieurs,

Un peuple ne peut pas s'arrêter devant un tombeau. Un grand parti comme le nôtre ne peut pas abdiquer sur un cercueil. (*Sensation.*) Si grande que soit notre douleur, si profonds que soient nos regrets, il faut que les évènements se déroulent, il faut que la moisson mûrisse, il faut que le sang même de notre jeune martyr soit fécond, il faut que l'avenir de notre patrie ne soit pas à la merci de la lance d'un sauvage, et que l'idée napoléonienne, incarnée dans les Bonaparte, ne reste pas sans représentant. (*Très bien !*)

Ce représentant, cet héritier, quel est-il ?
Je pourrais, Messieurs, faire comme tant
d'autres, et me réserver. (*Rires.*) Je pourrais essayer de deviner votre avis, avant de
vous dire le mien. (*Rires.*) Je pourrais flairer
le vent, guetter l'occasion propice, et régler
mon attitude sur l'attitude des hésitants ou
des trembleurs. Oh ! vous savez bien que ces
précautions prudentes ne sont pas dans mon
caractère, et que ce que je pense, je le dis !
(*Applaudissements.*)

Ne m'avez-vous pas, à trois reprises déjà,
choisi pour votre député ? Vous m'avez placé
au premier rang ; j'y reste ; et, aux jours des
résolutions viriles, je n'ai pas le droit de me
cacher, ni de me taire. Ne pouvant, d'ailleurs, vous interroger tous, un à un, c'est ma
conscience que j'ai consultée. Et du moment
que je sais où mon devoir m'appelle, je dois
commencer par vous dire, tout de suite, sans
réticences, sans équivoques, sans porte de derrière, où j'entends aller, et où je vous demande de me suivre ! (*Très bien ! Vive
M. d'Ornano !*)

Et, tout d'abord, Messieurs, avons-nous le
choix ?

Si nous sommes fidèles à l'idée napoléonienne, si la foi politique de ces Napoléons
qui nous ont donné le Code civil, le Concordat et les traités de commerce, nous
anime, nous ne pouvons, n'est-ce pas, aller
chercher refuge, ni sous le drapeau rouge de
la République logique, ni sous le drapeau

blanc de la Royauté? Les princes d'Orléans se sont effacés derrière Henri V et sont rentrés dans le giron de la Monarchie de droit divin. Les Républiques, dès qu'elles ont pu se soustraire aux mascarades de l'opportunisme et franchir les étapes du parlementarisme, sont toujours tombées dans les folies et les crimes de la démocratie sans-culottes. (*Applaudissements.*) Ni d'un côté, ni de l'autre, nous ne trouvons cette démocratie sage et progressive que les Napoléons ont organisée et rendue féconde... Nous cherchons donc un Napoléon... Où est-il?

Il est, Messieurs, clairement désigné dans les Constitutions de l'Empire. Sans oser penser que son jeune fils mourrait de cette mort fatale, en face de Sainte-Hélène, l'Empereur Napoléon III avait dû cependant assurer, dans sa dynastie l'hérédité qui la perpétue. Il soumit au peuple, le 8 mai 1870, une Constitution qui fut comme le couronnement de l'édifice impérial, et dont l'article 4, relatif à l'hérédité, est ainsi conçu : « A défaut d'hé-
» ritier légitime, direct ou adoptif, sont ap-
» pelés au trône le Prince Napoléon (Jérôme)
» et sa descendance directe et légitime, de
» mâle en mâle, par ordre de primogéni-
» ture. »

Près de huit millions de suffrages ont accepté, en 1870, cet article 4. Depuis cette époque, aucune Constitution valable n'est venue infirmer ce texte, car la Constitution de 1875, issue d'une intrigue de couloirs et non soumise à l'acceptation directe du peuple, ne peut avoir à nos yeux qu'une valeur de fait et ne saurait créer un droit. La Constitution de 1870, appuyée sur un plébiscite, est toujours debout. Un plébiscite seul eût pu défaire ce qu'un plébiscite a fait. Voilà pourquoi l'hérédité, telle que le dernier plébiscite l'a instituée dans la famille Bonaparte, n'est contestée par aucun de nous. L'héritier de notre Prince Impérial, c'est le prince Napoléon-Jérôme. (*Trés bien ! Sensation.*)

En vain, quelques amis qui nous sont chers, — et l'un d'eux, que j'aime entre tous, était ici, l'an dernier, recevant de vous, dans cette vaste enceinte, tant de sympathiques acclamations, bien dues à son caractère chevaleresque età son merveilleux talent ; — en vain, dis-je, quelques écrivains ont-ils essayé de voiler ce texte plébiscitaire sous une phrase du testament de notre Prince Impérial, dans laquelle le jeune héros, croyant que le prince Napoléon répudiait les plébiscites et déchirait ses parchemins populaires, reporte affectueusement sa pensée sur le fils même du prince Napoléon... Non, non ! Cette affectueuse désignation, vous le voyez bien, ne saurait rien changer à l'hérédité. Le prince Napoléon, en effet, ne renonce à rien, et ne saurait être déshérité par personne, puisque ses droits et ses devoirs ont été solennellement réglés, en 1870, par le vote libre et souverain de dix millions de citoyens français. (*Approbation.)*

Ainsi, au point de vue du droit, aucune contestation n'est possible, aucune chicane n'est sérieuse. Mais, en fait, quelles garanties cette hérédité, solennellement réglée, donne-t-elle à ceux qui se proclament attachés aux principes de conservation sociale, aux doctrines autoritaires, aux pratiques d'une sage démocratie, aux sentiments de la majorité de la France sur la religion et sur la famille ? Telles sont les questions que de bons esprits se posent, non sans inquiétude, et auxquelles, après avoir constaté le droit avec netteté, je veux répondre avec franchise.

Pour y répondre complètement, je veux vous retracer d'abord, en quelques mots, la vie du prince Napoléon, et vous rapporter fidèlement ce qu'il a pensé, ce qu'il a écrit, ce qu'il a dit, dans les crises sociales, religieuses ou politiques de ces derniers temps. Vous êtes un auditoire indépendant et impartial, Messieurs. Vous voulez vous faire une conviction. non pas sur des cancans que l'on colporte, ni sur des calomnies que la malveillance imagine. Vous voulez connaître la vérité. Eh bien, Messieurs, vous serez tout à l'heure plus instruits sur ce point que bien des polémistes qui dissertent, à tort et à travers, sans avoir pris le temps de lire les discours du prince Napoléon. Ces discours sont là, sous ma main ; je les ai tous. Je vous apporte des textes indéniables. Vous jugerez sur pièces. Est-il rien de plus loyal et de plus nécessaire ? (*Très bien ! Vive M. d'Ornano !*)

La vie du prince Napoléon vous est, d'ailleurs, connue. Le prince a fait ses études dans une école militaire, en exil, loin de la France, comme notre jeune Prince Impérial. Quand la révolution de 1848 lui ouvrit les portes de la patrie, il fut élu député comme son cousin Napoléon III. Les deux cousins avaient affirmé les mêmes opinions politiques. Le coup d'Etat de 1851 se produisit alors. Le prince Napoléon y était demeuré étranger ; mais, dix ans plus tard, il disait, à la tribune du Sénat : « L'Empereur a agi en homme qui ne relevait que de sa conscience. Il a été approuvé par le peuple. Il a bien fait. »

Devenu prince du sang, héritier éventuel, membre du conseil privé et du Sénat, le prince Napoléon ne changea rien, d'ailleurs, à ses opinions démocratiques et à son indépendance d'allure. En Crimée, il figura brillamment à la bataille de l'Alma, et l'état-major anglais rendit au prince le même hommage que l'état-major français ; mais, blâmant les lenteurs du plan d'attaque, il demanda à rentrer en France. Il s'y occupa des questions économiques et passa pour préférer les luttes pacifiques de nos Expositions universelles, dont il fut l'ingénieux organisateur, aux conflits armés. Plus tard, il obtint la main de la princesse Clotilde, fille du roi Victor-Emmanuel. Deux jeunes hommes, nés de cette union, sont la réserve de l'avenir. Mais voici la catastrophe de 1870...

Le prince Napoléon était en Suède quand la guerre éclata. Rappelé par une dépêche, il arrive, obtient le commandement de l'armée qui devait opérer dans la Baltique, attend en vain les régiments qu'on ne lui envoie pas et que les désastres plus proches appellent, se rend à Metz auprès de l'Empereur, lorsque enfin, dans la matinée du 19 août, au camp de Châlons, l'Empereur entre dans sa baraque et lui dit textuellement : « Les affaires vont mal. Tu ne m'es d'aucune utilité auprès de moi ; une seule chance, peu probable, mais cependant possible, serait décisive, c'est que l'Italie, se prononçant pour la France, déclare la guerre et tâche d'entraîner l'Autriche. Personne n'est mieux indiqué que toi pour cette mission près de ton beau-père et de l'Italie. Il faut que tu partes de suite pour Florence. J'écris au roi, voici ma lettre. »

Le prince Napoléon part pour l'Italie. Il essaie d'entraîner le roi son beau-père, qui ne peut rien faire sans ses ministres, lesquels n'osent entrainer l'Italie que si la France abandonne Rome. Mais l'Empereur refuse de rappeler la garnison française qui veille autour du Pape... Pendant qu'on négocie, la bataille de Sedan est perdue, la révolution de septembre éclate à Paris, l'Empereur est prisonnier, et c'est à Wilhemshöhe que le souverain tombé reçoit du prince Napoléon la lettre émue que voici :

« Florence, ce 4 septembre 1870.

» Sire,

» J'apprends les batailles perdues et votre captivité ! Mon dévouement, mon devoir dictent ma conduite, je demande à vous rejoindre, aujourd'hui surtout que toute défense de la patrie est impossible pour moi après les évènements de Paris.

» Quelles que soient les conditions qui me seront faites, je m'y soumets d'avance pour être auprès de vous. Le malheur ne peut que resserrer les liens qui m'attachent à vous depuis mon enfance. Je prie Votre Majesté d'accéder à la demande que je lui fais et que j'adresse au roi de Prusse.

» Veuillez agréer, Sire, l'hommage du profond et respectueux attachement avec lequel je suis,

» de Votre Majesté,

» le très dévoué cousin,

» NAPOLÉON-JÉROME. »

Le souverain exilé lui répond :

« Wilhelmshöhe, le 17 septembre 1870.

» Mon cher cousin,

» Je suis bien touché de l'offre que tu me fais de partager ma captivité, mais je désire rester seul avec le peu de personnes qui m'ont suivi, et j'ai même prié l'Impératrice de ne point venir me rejoindre.

» J'espère que nous nous reverrons un jour, dans des temps plus heureux ; en attendant je te renouvelle l'assurance de ma sincère amitié.

» NAPOLÉON. »

C'est alors que les hommes du 4 Septembre, après avoir facilité l'invasion prussienne, se servent de cette invasion pour tenter d'imposer leur République à la France. La France a perdu toutes ses armées, n'importe ! M. Gambetta ne manque pas encore de fourrures.., Allons, paysans, battez-vous, faites-vous tuer pour la République ! L'Allemagne accepterait une paix moins onéreuse que celle qui s'imposera plus tard... Mais il faudrait rendre la parole aux élus du pays dont on a brisé le mandat... D'ailleurs, il y a encore des « cigares exquis » pour M. Gambetta. « Soyez gais ! » Et en avant la guerre à outrance ! Plus tard, les impôts paieront ces folies. Enfin, la soi-disant Défense nationale est à bout. La paix se signe. Paris joue un dernier acte, à la lueur des incendies de la Commune. M. Thiers remplace M. Gambetta, et l'ordre se fait.

L'ordre ? Oui, grâce à la continuation d'une dictature que M. Thiers s'attribue en vertu de « l'état de siège » et dont il profite arbitrairement, au mois d'octobre 1872, pour faire expulser le prince Jérôme-Napoléon. Sans même alléguer l'ombre d'un prétexte, sans que cette mesure soit justifiée par quoi que ce soit, le gouvernement républicain de cette époque prononce la peine de l'exil contre un citoyen français !... C'est la liberté républicaine, messieurs. (*Rires*.)

Quelques années plus tard, l'état de siège disparaît, et le prince Napoléon peut rentrer en France. Il en profite pour poser, dans l'arrondissement d'Ajaccio, sa candidature à la députation. Sur ce point vous attendez certainement des explications plus détaillées que je n'hésite pas à vous donner.

Après la mort de Napoléon III et pendant la minorité du Prince Impérial, le prince Napoléon avait cru que la direction du parti de l'Appel au peuple lui reviendrait. D'anciennes inimitiés s'y opposaient cependant. Le prince fut écarté ou s'écarta de Chislehurst.

En outre de ces inimitiés intimes, qu'il ne m'appartient pas de juger et dont je ne dis un mot que parce que j'y suis contraint par mon récit, il y avait, dans le parti de l'Appel au peuple, deux tendances divergentes. Je me suis expliqué plus complètement ailleurs, sur ce point ; je ne fais donc qu'indiquer ces tendances, en exposant que les uns voulaient s'attacher à ce syndicat conservateur à trois têtes auquel nous devons les tentatives malheureuses du 24 Mai 1873 et du 16 Mai 1877 ; les autres, au contraire, voulaient se détacher des royalistes, rompre avec les réactionnaires, et reconstituer l'Empire par l'alliance confiante de la démocratie et des Napoléons.

Le prince Napoléon partageait ce dernier sentiment, tandis que le parti officiel de l'Appel au peuple tenait pour l'alliance avec les royalistes, sous la bannière multicolore du conservatisme. Il y eut rupture. Et ce fut M. Rouher même, patronné par le Prince Impérial, que le prince Napoléon trouva devant lui à Ajaccio.

Lutte regrettable ! J'étais, quant à moi, vous le devinez, messieurs, ouvertement opposé à cette candidature du prince Napoléon. Aujourd'hui comme hier, je m'en vante; car aucun parti n'existe sans discipline; et la discipline nous faisait à tous un devoir de nous rallier respectueusement aux résolutions du Prince Impérial, fût-ce même contre son cousin le prince Napoléon. (*Très bien* !)

Mais voulez-vous savoir en quels termes le prince Napoléon, jeté ainsi du côté de la République, parlait de la République, dans sa profession de foi affichée, au mois de février 1876, sur toutes les murailles d'Ajaccio ? Voici un extrait significatif de cette profession de foi :

« La République m'a enlevé des droits éventuels; elle a violé ma liberté en m'expulsant; elle méconnaît mon grade de général, et je suis en butte à l'hostilité de ceux qui se croient ses représentants les plus autorisés... Je respecte la forme du gouvernement sans aucune amertume, pourvu qu'elle nous assure l'ordre, la justice et la liberté. »

Vous voyez que les engagements du prince Napoléon envers la République sont des plus conditionnels; *pourvu qu'elle nous assure l'ordre, la justice et la liberté*, dit-il;

mais à ce compte ne serions-nous pas tous républicains ? (*Rires.*)

Nous reviendrons, d'ailleurs, sur ces déclarations-là. Et j'achève le rapide exposé de la vie du prince Napoléon, en vous relisant la lettre suivante qu'il adressait, l'autre jour, à l'Impératrice, au sortir de l'église Saint-Augustin, de Paris, où l'on venait de célébrer un service funèbre pour le Prince Impérial :

« Madame,

» Je sors du service célébré à Saint-Augustin pour mon brave et infortuné cousin. Je suis profondément ému et je tiens à exprimer à Votre Majesté les sentiments de douloureuse sympathie dont je suis pénétré pour Elle. »

Vous savez enfin que, après avoir écrit cette lettre à l'Impératrice, le prince Napoléon s'est rendu aux obsèques du Prince Impérial à Chislehurst. Il s'est pieusement agenouillé sur le cercueil. Et, s'il n'a pas voulu traiter alors avec l'Impératrice, toute à sa douleur, les questions que la mort du Prince Impérial réveille ou soulève, c'est parce qu'il attend d'être admis sans intermédiaires, comme il convient au chef actuel de la famille Bonaparte parlant à l'auguste veuve de Napoléon III.

Telle est, Messieurs, rapidement esquissée, la vie du prince Jérôme-Napoléon. Mais je ne vous ai pas encore fait connaître, comme je l'avais promis, les idées du prince en ma-

tière de religion, d'autorité, de parlementarisme, de démocratie, d'impérialisme et
d'appel au peuple. Nous y arrivons, et je
prétends vous donner, sur toutes ces questions, l'opinion formelle du prince, d'après
ses discours, d'après ses professions de foi,
d'après ses écrits. Cette manière d'interroger
le représentant actuel de la dynastie napoléonienne me paraît plus respectueuse et
aussi plus sûre (*Rires*) que celle qui consis-
terait à lui arracher aujourd'hui telle ou telle
déclaration de circonstance. (*Très bien !
très bien !*)

Tout d'abord on a calomnié l'attitude du
prince Napoléon envers Napoléon III et envers son jeune cousin le Prince Louis-Napoléon.
On a dit,—et je remarque même que plusieurs
écrivains le répètent sans prendre la peine
de s'éclairer, — on a dit que le prince Napoléon avait attaqué l'Empereur et son fils.....
Ah ! Messieurs, vous allez voir que ceux qui
répandent ces bruits-là sont bien impru-
dents, car je mets au défi de citer une seule
parole authentique dans ce sens, tandis que
les témoignages de fidélité et d'affection envers l'Empereur et envers son fils abondent
dans tous les discours du chef actuel de la
dynastie.

Vous allez en juger. Et vous serez aussitôt
plus instruits sur ce sujet que bien des savants
de Paris. (*Rires.*) Voici, par exemple, en
quels termes le prince Napoléon s'exprimait,
à la tribune du Sénat, le 1er septembre 1869 :

« Je tiens à affirmer mon dévouement entier, non seulement à l'Empereur, mais à son fils. Mes affections sont indissolublement liées à l'Empire. » Ce langage public n'est-il pas assez clair ? (*Très bien !*)

Et si vous pensiez que cette déclaration affectueuse n'est pas suffisamment significative, parce que, à ce moment-là, l'Empereur et son fils étaient au sommet de la puissance, je vous lirais d'autres déclarations aussi formelles, faites aux heures de l'infortune. Tenez ! dans cette élection de 1876 à Ajaccio, lorsque le prince Napoléon luttait contre M. Rouher, et lorsque la passion qu'on mettait naturellement à le combattre eût pu provoquer d'autres déclarations passionnées, voici ce que le prince Napoléon écrivait dans sa profession de foi : « Mon dévouement constant pour Napoléon III, — mon souverain dans la prospérité, mon ami dans le malheur, — et mon affection pour son fils, ne sauraient être mis en doute. Je méprise des calomnies intéressées. » C'est en ces termes que le prince Napoléon répondait à ceux qui le calomniaient comme quelques-uns le font encore aujourd'hui. N'est-ce pas éloquent ? (*Très bien ! très bien !*)

Mais l'on pourrait encore prétendre que c'était là une déclaration faite dans un intérêt électoral. Soit ! Cherchons encore. L'an dernier, en 1878, lorsque toute lutte électorale était close, le prince Napoléon publiait une brochure intitulée : « *Les Al-*

iances de l'Empire, » et en tête même de cette brochure, voici ce qu'il écrivait : « J'ai toujours eu, pour l'Empereur mon cousin, un dévouement complet dont je crois lui avoir donné des preuves par la franchise de ma conduite, par mon opposition même à tant d'actes de son gouvernement, rôle ingrat qui expose à toutes les calomnies. » Voilà ce qu'écrivait, l'an dernier, le prince Napoléon... Est-ce décisif ? (*Applaudissements.*)

Et cependant il est des hommes qui se disent impérialistes et qui cherchent à transformer, aux yeux du public, certains dissentiments politiques en désaffection intime et en haine ! Au lieu de pallier les dissentiments passés, qui furent de simples désaccords de tactique politique, on fabrique une légende où l'on représente le prince Napoléon comme l'ennemi de sa propre famille ! Vous venez de constater, textes en mains, combien cette légende est menteuse, et vous vous demandez avec moi s'il est permis de continuer à se dire impérialiste lorsque, sans preuves, sans certitude et sur de simples propos de boudoir, on calomnie à ce point un Napoléon ? (*Très bien !*)

Savez-vous, d'ailleurs, avec quelle indignation et quel patriotisme le prince Napoléon a flétri cette insurrection parisienne du 4 Septembre qui renversa l'Empire qu'avait fondé le peuple ? Nous avons vu quel fut le rôle du prince Napoléon dans ces tristes évènements, mais il faut rappeler cette énergique protestation que, fidèle à la dynastie populaire, le prince Napoléon adressait, au mois de mai 1871, à M. Jules Favre. Ceux qui hésitent à se rallier au prince Napoléon se gardent bien de publier cette lettre éloquente et patriotique, où l'on trouve des élans de cœur comme celui-ci : « L'Empereur n'a pas cherché à se cramponner au trône par une paix qui pouvait sauver son pouvoir en imposant de lourds sacrifices à la France. Tenez! Nous avons une consolation, c'est d'être tombés avec le pays, tandisque votre élévation date de ses malheurs. »

Plus loin encore, dans la même lettre, le prince Napoléon ajoute : « Sachez-le, les Napoléons eussent été assez patriotes pour bénir votre triomphe et leur chute, si vous aviez affranchi la France. » Voilà ce que le prince Napoléon déclare, puis, songeant à ce que les républicains du 4 Septembre ont fait de notre patrie, il continue en ces termes : « Les alliés des Prussiens à l'intérieur renversent notre dynastie, sous le prétexte de se mieux défendre. Une foule égarée par le désespoir et l'illusion se laisse conduire par une tourbe odieuse d'intrigants ambitieux qui donnent l'épouvantable exemple de l'anarchie à l'intérieur en présence de l'invasion... Toutes les ressources de la France sont gaspillées... Le peuple ne trouve, dans ses chefs, que l'impuissance, l'envie, les convoitises, les rancunes, la haine et tous les mauvais sentiments déchaînés. »

N'est-ce pas là, tracé de main de maître, un tableau bien exact de cette *guerre à outrance* menée par des fous furieux et dont nous payons aujourd'hui les folies par nos impôts ? (*Très bien !*) Revenant enfin par la pensée à ces crimes des républicains qui, pour immortaliser leur Commune de Paris, renversèrent la colonne élevée, sur la place Vendôme, à notre grand Empereur, le prince Napoléon s'écrie : « Ces furieux qui, dans leur délire, renversent la colonne et brisent ce bronze glorieux dont les éclats font une blessure au cœur de chacun de nos soldats ! » N'est-ce pas là, Messieurs, je vous le demande, le langage d'un Napoléon patriote et fidèle ? (*Applaudissements.*)

Je n'insiste pas davantage sur ce point, car, après avoir ainsi écarté les accusations vagues et sans précision portées contre le patriotisme du prince Napoléon et contre son attachement à sa famille, — accusations calomnieuses, vous l'avez vu, — j'ai hâte d'arriver à un grief plus considérable qu'allèguent des amis pour lesquels j'ai la plus entière estime, et qui, je l'espère, me conserveront en toute occurrence leur amitié ; je veux parler des opinions du prince Napoléon en ce qui touche à la religion et à la conscience.

Messieurs, c'est là un grave sujet, et je ne connais rien de plus respectable que les inquiétudes auxquelles je fais allusion.

Je suis, quant à moi, — vous le savez peut-

être, et je ne m'en cache pas, — inébranla-
blement attaché au Dieu qu'adore ma mère;
je veux être libre et respecté dans les pratiques de mon culte. Et laissez-moi vous le
confesser, je plains ceux qui croient que, par
delà cette vie, il n'y a rien, et que tout finit
sous six pieds de terre ! Je sens que ce
monde, où tant de sublimes dévouements
n'ont jamais trouvé leur récompense, où le
bonheur n'est pas équitablement partagé,
appelle une autre existence où les pauvres
seront bénis, où ceux qui tombent seront
relevés, où ceux qui pleurent seront consolés.
Je sens que la science même ne nous explique
aucun des mystères de la vie ; que tout est
court, vide, incomplet, sans suite, ici-bas ; et
mon âme, avide de solutions, étoufferait sous
le poids des mystères que ce monde accumule,
si quelque chose ne disait qu'il y a, plus loin,
plus haut, vers l'infini, la grande explication
en Dieu ! (*Très bien !*)

J'ajoute que toute société dépérit, quand
la religion s'en va. Si quelqu'un ne dit pas à
l'enfant : *Honore ton père et ta mère*, —
ce qui est un des commandement de l'Eglise,
— c'en est fait de la famille. Si la religion ne
vient pas sceller le lien du mariage, où sont
les garanties, où est la paix du foyer ? Si le
pauvre enfin, si celui qui n'obtient de son
travail qu'un salaire insuffisant pour sa vie
et pour celle des siens, n'avait dans sa conscience le frein du devoir que Dieu y a mis,
et la perspective du remords, dites-moi

qui lui défendrait, dans nos campagnes, lorsque le gendarme est passé, de rétablir par la force entre sa fortune et la vôtre cet équilibre que les utopistes lui ont promis? (*Applaudissements.*)

Oh! oui, nous devons défendre et maintenir et propager une religion qui a de si sublimes et de si utiles enseignements, mais aussi, nous tournant vers les choses pratiques, nous devons considérer que la persuation seule exerce efficacement quelque empire dans le domaine de la conscience. La force n'y peut rien. L'Etat, essentiellement laïque, doit donc laisser aux ministres des divers cultes toute liberté de propagande religieuse, sans toutefois que le clergé puisse user, pour les intérêts contingents et politiques, de l'influence qu'il recherche et obtient légitimement sur les âmes. En d'autres termes, il faut que le prêtre soit libre dans l'église, mais que toute intervention dans la politique lui soit efficacement interdite. Et s'il était vrai que la tendance du parti qu'on appelle le parti clérical fût d'abaisser le pouvoir civil devant l'autorité ecclésiastique, et de mêler les questions de dogme aux questions législatives, nous devrions résister au parti clérical, et nous retrancher dans cette tradition napoléonienne qu'inaugura le Concordat de Napoléon Ier. (*Très bien!*)

Voilà mon sentiment. Je crois que c'est le vôtre? (*Oui! oui!*) Eh bien, examinons si le prince Napoléon s'écarte ou se rapproche de cette manière de voir. Je continue, remarquez-le, à ne tenir aucun compte, à ne faire aucun cas de ces histoires ridicules qu'une presse hostile a répandues, comme, par exemple, de ce récit d'un dîner de Vendredi-Saint où le prince aurait mangé de la viande, pour fronder la prescription catholique. Ce sont là des inventions que nos adversaires propagent et auxquelles nous dédaignons de nous arrêter. Nous ne pouvons, pour nous éclairer, discuter les menus d'un dîner ! Nous avons ici les œuvres du prince Napoléon, ses discours, ses écrits. Est-ce que ces textes que je vais vous soumettre ne valent pas mieux que des assertions en l'air ? (*Très bien !*)

Ainsi, pendant qu'il figurait à la Chambre comme député soi-disant républicain, au mois de novembre 1876, savez-vous comment le prince Napoléon s'exprimait au sujet des enterrements civils, c'est-à-dire de ces enfouissements d'où l'on écarte les bénédictions du prêtre et les prières des amis ? Voici ce qu'il disait : « Je suis de ceux qui pensent qu'il faut les tolérer ; je ne suis pas de ceux qui les approuvent. » N'est-ce pas un langage parfait ? (*Très bien !*)

Dans la même séance, lorsqu'il figurait parmi les 363, voici encore ce que le prince Napoléon disait : « La séparation de l'Eglise et de l'Etat ne me paraît pas possible. En parlant ainsi que je le fais, je ne suis pas opposé au sentiment religieux, je crois même, au point de vue politique, — ne parlons pas

point de vue intime qui ne regarde per-
nne, — qu'une religion est une nécessité
ciale ; mais quel est le moyen de ne pas en
ire une impossibité et de ne pas arriver à ce
'on se révolte contre le sentiment reli-
eux ? C'est d'imposer la tolérance, c'est de
rcer ceux qui veulent être intolérants à
re tolérants. Par ce seul moyen, vous pour-
z développer, encourager le sentiment reli-
eux. » N'est-ce pas un langage des plus
rrects ? (*Très bien* !)
Toujours dans cette même séance de 1876,
pondant à la question de savoir quelles de-
ient être les garanties mutuelles de l'Etat
de l'Eglise, le prince Napoléon ajoutait :
Quand il s'agit des rapports de l'Eglise et
l'Etat dans notre société moderne, qu'est-
que nous rencontrons comme base ? Le
ncordat. » N'est-ce pas toujours parfait ?
ceux qui réclament des garanties, que
ulent-ils de plus que cela ? (*Très bien* !)
Mais, dira-t-on, c'est pendant la durée de
Empire que le prince Napoléon nous a scan-
lisés. Soit. Voyons les discours du prince
apoléon au Sénat. Je lis ceci, à la date du 1er
ars 1861 : « Je ne me donne pas pour un
tholique fervent, mais je suis né dans la
ligion catholique, et j'ai le droit de parler
tholicisme comme vous et autant que vous.
n vérité, vous feriez douter de l'influence, de
bonté de cette religion. Vous feriez croire
ue le prêtre n'est rien s'il n'a un gendarme
côté de lui ! Nous, nous voulons séparer le

prêtre du gendarme, et voilà ce que vous ne voulez pas ! Nous voulons que le prêtre reste vénéré, respecté, qu'il soit entouré des garanties qui appartiennent à tout citoyen, et qu'il n'ait pas besoin d'un gendarme pour l'aider dans les choses spirituelles, comme cela se passe à Rome. » Voilà ce que le prince disait, que voulez-vous de mieux ? (*Applaudissements* !)

Encore une citation du même discours. Voici ce que le prince Napoléon ajoutait : « J'ai toujours tâché, autant que possible, de ne me laisser entraîner à aucun mot qui fût irrespectueux envers le pouvoir spirituel du Pape, parce que ce mot serait en dehors de mon cœur et de mon esprit. J'ai pour le chef de la catholicité le plus grand respect. Je reconnais qu'il faut une certaine indépendance à ce chef spirituel, qu'il ne doit pas être le sujet d'un souverain, quel qu'il soit. De là la difficulté de régler la question de Rome. » Qu'y a-t-il de plus religieux que ce langage ? Et à quoi prétendent ceux qui réclament des déclarations nouvelles ? (*Très bien* !)

Ah ! je sais bien ce que quelques-uns murmurent, — non pas ici, mais dans certaines sphères. Le prince Napoléon parle de Rome. Cela ne rappelle-t-il pas que le cousin de l'Empereur fut un grand partisan de l'unité italienne et un constant adversaire du pouvoir temporel du Pape ?

C'est vrai. Le prince Napoléon, fidèle aux

idées de Napoléon Ier et aux convictions de jeunesse de Napoléon III, n'a jamais accepté l'idée du pouvoir temporel du Pape. Mais en quels termes a-t-il soutenu cette opinion ? Nous allons en juger, textes en mains, car vous voyez devant moi tous ses discours, que bien peu de gens ont relus.

Le 1er mars 1861, le prince Napoléon était à la tribune du Sénat, et voici ce qu'il proposait : « Jetez les yeux sur un plan de Rome. Le Tibre divisant cette ville, sur la rive droite vous voyez la ville catholique, le Vatican, Saint-Pierre ; sur la rive gauéhe vous voyez la ville des anciens Césars, vous voyez le mont Aventin, enfin tous les grands souvenirs de la Rome impériale. Sur la rive droite s'est réfugiée la partie la plus vitale du catholicisme ; il y aurait possibilité, je ne dis pas de forcer le Pape, mais de lui faire comprendre la nécessité de s'y restreindre. Il y aurait possibilité de lui garantir son indépendance dans ces limites. La catholicité lui assurerait un budget propre à la splendeur de la religion, et lui fournirait une garnison. Vous auriez ainsi une oasis pour le catholicisme au milieu des tempêtes du monde. »

Dans la même séance, le prince Napoléon terminait en ces termes son discours : « La catholicité n'aurait qu'à gagner à voir le Pape dans une grande et honorable retraite, d'où il dominerait tout le monde et ne dépendrait de personne. Je voudrais, pour terminer, que, du sein de cette assemblée, il s'élevât une parole qui dît : *Sagesse*, Saint Père ! C'est du Sénat français que devraient partir ces paroles : *Sagesse*, de la part de vos fils les plus dévoués, de la part de ceux qui vous ont rendu service dans tous vos malheurs depuis douze ans ; écoutez nos conseils ; *Sagesse*, Saint Père ! »

Vous venez d'entendre, messieurs ; eh bien, je vous le demande, est-il possible d'exprimer, dans une forme plus respectueuse pour le pouvoir religieux du Pape, une idée que beaucoup d'excellents esprits approuvent et partagent? (*Très bien* !) Aujourd'hui, sans que le prince Napoléon y soit pour rien, la situation du Pape est moins indépendante que celle dont le prince Napoléon faisait la proposition. Ne voit-on pas que son esprit avait devancé les évènements, et qu'il rêvait une combinaison qui eût permis de rendre à l'Italie ce que l'Italie allait certainement reprendre, tout en garantissant au chef de la catholicité la plus complète indépendance au point de vue religieux ?

Je résume ce grand débat du pouvoir temporel du Pape, par une dernière citation empruntée au discours prononcé à Ajaccio, en 1865, par le prince Napoléon. Voici ce que le prince disait : « Singuliers catholiques que ceux qui veulent faire dépendre l'avenir de la religion d'un pouvoir temporel maintenu à Rome par la force ! Je ne connais pas d'opinion plus dangereuse, plus blessante, plus humiliante pour le catholicisme. S'il était vrai que la religion ne pût reposer que sur la force, un grand deuil devrait se faire dans l'âme non seulement des catholiques, mais de tous les hommes sincèrement religieux. »

J'ai fini sur ce point, Messieurs. Et vous voyez que les sentiments du chef actuel de notre parti sont de ceux que nous pouvons, que nous devons respectueusement approuver. (*Très bien !*) Il n'a jamais prononcé une parole, écrit une ligne qui pût contrister une âme pieuse. Il a exprimé, sur les questions où la politique et la religion sont mêlées, certaines opinions qu'on peut discuter ; mais jamais en ce qui touche la religion elle-même, en ce qui touche les convictions religieuses et la liberté des consciences, jamais il n'a manqué d'égards envers les susceptibilités les plus scrupuleuses, et où trouvons-nous, je le demande, les scandales dont on avait parlé ? (*Applaudissements.*)

C'étaient des calomnies, vous n'en doutez plus. Le prince Napoléon les a peut-être trop dédaignées, mais il compte sur votre bon sens pour en faire justice. Il m'a remis gracieusement et loyalement tous ses discours et toutes ses œuvres. Il a voulu détruire, par des textes irréfutables mais un peu oubliés, les scrupules de ceux qui hésitent. Cela ne vaut-il pas mieux que de le voir entrer maintenant au confessionnal, pour y abjurer de prétendues erreurs, et pour y implorer une confiance qu'aucun de vous, impérialistes éclairés et napoléoniens fidèles, ne lui refuse désormais ? (*Applaudissements.*)

On avait donc voulu vous faire croire que le prince Napoléon était un ennemi de la religion, un adversaire du sentiment religieux, tandis qu'il est seulement opposé au *cléricalisme*, c'est-à-dire à l'immixtion du clergé dans la politique. On avait aussi prétendu que le prince Napoléon reniait l'Empire, répudiait l'héritage des Napoléons, refusait de seproclamer le continuateur de l'œuvre impériale, en un mot que l'héritier de l'Empire était un ennemi de l'Empire. (*Rires.*) Vous riez déjà, tellement une pareille assertion vous paraît immédiatement ridicule, vous qui avez aussi l'esprit de comprendre que ce sont les situations qui font les hommes. (*Très bien ! très bien !*)

Eh bien, lisons encore, lisons toujours, consultons le prince Napoléon dans ses écrits de toutes les époques. Prenons-le à tous les âges. Et voyons si nous ne retrouvons pas, en dépit de quelques fluctuations inévitables et de circonstances, — car quel est celui qui n'a pas eu quelque fluctuation dans sa vie, et Napoléon III lui-même n'avait-il pas acclamé la République de 1848 ? — voyons, dis-je, si nous ne retrouvons pas la pensée dominante, et si cette pensée n'est pas la nôtre.

Le prince Napoléon, tout en secondant fidèlement l'Empire de Napoléon III, a toujours eu, il faut en convenir, son franc parler et son indépendance. Mais cette liberté qu'il prenait lui-même, il commençait par la reconnaître aux autres, et voici ce qu'il déclarait au Sénat, en 1869 : « Jamais un bon système gouvernemental n'existera *sans opposition* ; je dis plus, ce serait mauvais. L'opposition, c'est le stimulant, c'est dans la politique, ce qu'est le sel dans les aliments. Il faut qu'elle existe ; elle produit un excellent effet, car, si elle effraie les uns, elle oblige tout le monde à discuter les affaires. Il faut enfin que tout ce qu'il y a dans les bas-fonds de la société apparaisse au grand jour. Aujourd'hui on ne peut gouverner qu'avec l'opinion publique, à la lumière du soleil, autrement il n'y a pas de gouvernement possible. Cela me rappelle un mot d'un homme d'Etat, qui avait quelquefois de l'esprit, et il l'a prouvé lorsqu'il a dit : *On peut tout faire avec les baïonnettes, excepté s'asseoir dessus.* » (*Rires !*)

Et comprenez bien sa pensée ; il ne veut pas que le gouvernement soit faible et désarmé, mais il sait qu'aucun gouvernement ne dure s'il n'a pas la direction de l'opinion, et il estime que les voix opposantes révèlent les courants qui se forment. Ainsi, parlant du roi Victor-Emmanuel qui avait pris en mains la cause populaire en Italie, pour dominer Garibaldi et ne pas se laisser asservir par cet aventurier, le prince Napoléon disait au Sénat : « Comment le roi de Piémont pouvait-il arrêter Garibaldi ? Il n'y avait qu'un seul moyen : c'était de prendre en main le drapeau et la cause de l'unité de l'Italie, Victor-Emmanuel les a pris l'un et l'autre, et les a fait triompher. C'est là de la politique, de l'excellente politique, et ce n'est pas de la mauvaise foi. »

Vous le voyez, le prince Napoléon ne croit pas qu'on puisse résister aux idées patriotiques et aux tendances légitimes d'un peuple. L'art de gouverner, selon lui, il l'indique en ces termes, dans un discours du 1er septembre 1869 : « L'art de gouverner à l'intérieur est surtout l'art de céder, après avoir constaté que les aspirations de l'opinion publique sont sérieuses, vraies, justes, qu'elles répondent au sentiment profond du pays. Gouverner n'est pas résister. » Telle est la conviction du prince Napoléon, et, dans le même discours, il y revient en disant : « Il y a toujours des menaces de révolution. Mais *le moyen de les éviter, c'est de leur prendre ce qu'elles ont de bon.* »

Vous vous tromperiez cependant, messieurs, si vous pensiez que le libéralisme du prince Napoléon ressemble à de la faiblesse! C'est lui qui, dans la même séance du Sénat, s'écriait : « Que des légitimistes ou des républicains exaltés essayent donc de faire une descente sur nos côtes, nous les fusillerons bel et bien. » Ce n'est pas là le ton d'un libéral trop complaisant. (*Rires*). D'ailleurs, dans son discours d'Ajaccio, il révélait sa pensée en demandant, avant tout, un pouvoir fort. Voici en quels termes il s'exprimait : « Quand la démocratie sera complètement organisée, alors le Parlement pourra jouir de la plénitude de ses prérogatives ; mais, jusque-là, pour marcher fermement vers le progrès, pour édifier avec sagesse et persévérance, *un pouvoir fort*, des libertés complètes pour tous, et le *contrôle* des Chambres, sont la vraie formule de la liberté pour la France. »

Et si vous doutez de l'énergie que le prince Napoléon apporterait, le cas échéant, à l'exercice du pouvoir, relisez cette apostrophe qu'il adressait, en 1871, à M. Jules Favre : « Je me demande si, parmi les fautes de l'Empire, la plus grande n'est *pas d'avoir toléré vos tentatives criminelles à l'intérieur.* » Voilà qui est parler, ce me semble ! (*Très bien !*)

Et sachez bien que le représentant actuel de la dynastie napoléonienne n'est pas plus épris du parlementarisme que ses devanciers. Dans son discours d'Ajaccio, il repoussait « *l'omnipotence d'une réunion de privilégiés qui s'appelle le Parlement.* » Et il ajoutait : « J'aime la liberté sous toutes ses formes, mais je ne vous dissimulerai pas ma préférence marquée pour ce que j'appelle la liberté de tous ; elle me semble plus conforme à l'esprit de mon pays ; oui, je préfère la liberté et une politique influencée par l'opinion publique libre, à des ministres *résultant souvent d'une coterie parlementaire qui s'impose au souverain.* On cède plus facilement à la volonté d'un peuple qu'à une coalition souvent négative. Ne nous faisons pas illusion sur les conséquences de la liberté restreinte : quelle est la grande idée que les classes privilégiées auraient, je ne dis pas inspirée, mais acceptée ? Est-ce la guerre d'Italie ? Est-ce la liberté commerciale ? Est-ce l'amnistie de 1859 ? Non. »

Voilà ce que le prince Napoléon pense du parlementarisme. Voici ce qu'il disait encore, dans le même discours, en 1865, sur le rôle des Assemblées et sur leurs périls : « L'histoire nous apprend que les Assemblées omnipotentes, inspirées par le souffle populaire, renversent tous les obstacles, comme la Convention. Mais quand cette puissante impulsion leur fait défaut, elles deviennent profondément conservatrices, même des abus, et souvent réactionnaires ; telles ont été nos Assemblées depuis cinquante ans. Mais pour réformer sans renverser, pour bâtir un ordre de choses qui assure l'avenir, pour donner une organisation définitive à la démocratie, le rôle transitoire des Chambres n'est-il pas plutôt un contrôle sérieux et non une action gouvernementale omnipotente que le souverain et le peuple n'aiment pas à subir ? »

Et voulez-vous savoir aussi comment le prince Napoléon juge la monarchie bourgeoise de 1830 ? Voici ce qu'il en disait, à la tribune du Sénat, le 1er septembre 1869 : « Le vice radical du régime de 1830, c'était le pays légal. Le gouvernement était très parlementaire, mais ce n'était pas un véritable gouvernement représentatif, il ne représentait que ceux qui avaient des droits politiques, soit deux cent mille électeurs : or, il y a aujourd'hui dix millions de citoyens émancipés en France. Voilà la différence. Tout était dans les mains de la bourgeoisie : les places, les fonctions publiques, les influences, les tarifs industriels, les emprunts mêmes, car lorsqu'on *a démocratisé ces derniers* en les faisant par souscription, cela a été regardé comme une révolution ; la bourgeoisie avait l'air de dire : on nous prend ce qui nous appartient. Ce système gouvernemental était fait pour deux cent mille privilégiés et non pas pour dix millions de citoyens. Un beau jour les citoyens exclus se sont dit : nous voulons entrer dans la salle du banquet des satisfaits ; et ils ont tout jeté par les fenêtres. Cela devait arriver à l'heure où le peuple voudrait revendiquer son droit d'élection. »

En résumé, sur ce point, comme sur les autres, l'opinion du prince Napoléon est en tout conforme à celle de nos Empereurs. Sa pensée se résume en ces paroles qu'il prononçait au Sénat : « Il ne faut pas vouloir faire *un petit parlementarisme bourgeois;* il faut que les voiles de la politique soient enflées par un souffle démocratique et largement populaire : voilà la mission de l'Empire, son génie, son devoir. »

Certes je pourrais continuer longtemps les citations qui vous feraient voir avec quel bonheur d'expressions le prince Napoléon se montre fidèle aux idées de Napoléon Ier et de Napoléon III. Et je vous l'affirme : ou bien ceux qui en doutent n'ont pas lu un mot des discours du prince Napoléon ; ou bien ils se représentent Napoléon Ier et Napoléon III comme des souverains réactionnaires, cléricaux, conservateurs de ruines, entichés de vieilleries, et c'est pourquoi ils s'imaginent que c'est le prince Napoléon qui manque à ses traditions de famille, lorsque ce sont eux, au contraire, qui les falsifient. (*Trés bien ! très bien !*)

Eh bien, Messieurs, si toutes ces citations ne vous fatiguent pas (*Non ! non ! Parlez ! Vive M. d'Ornano !*), je vais poursuivre, textes en mains, la démonstration bientôt épuisée, et je tiens à le constater, je ne puis mieux vous témoigner mon attachement et mon estime, qu'en vous donnant toutes les raisons, que beaucoup ignorent encore ou méconnaissent, qui ont déterminé ma conviction et qui déterminent la vôtre. Je pouvais publier cette étude à Paris, dans un journal, ou par une brochure. J'ai préféré que mes fidèles amis de l'arrondissement de Cognac en eussent la primeur (*Applaudissements*) et qu'ils fussent les premiers à pouvoir réfuter, par des textes formels, les calomnies et les inventions de ceux qui recherchent, parmi vous, des déserteurs et des traînards pour les recouvrir ensuite, un à un. soit sous la loque rouge des fous furieux de la guerre à outrance, soit sous le linceul blanc d'Henri V. dans les plis duquel les descendants de Louis-Philippe se sont eux-mêmes ensevelis. (*Triple salve d'applaudissements.*)

Donc, je continue. Parlant aux électeurs de la Corse, au mois d'octobre 1871, le prince Napoléon proclamait que le nom de Napoléon est « est à la fois un principe d'autorité et une garantie démocratique. » Deux ans plus tard, au mois d'avril 1873, il écrit aux mêmes électeurs : « Quel est le secret de notre force ? C'est que les Napoléons ont deux fois sauvé le pays et préservé la Révolution en lui imposant *les garanties sociales* sans lesquelles tout état tombe en dissolution et que. deux fois, les suffrages de la France ont approuvé leurs actes ! On nous craint, parce qu'en dehors des Napoléons il n'y a que deux minorités : l'une veut l'ordre sans la démocratie, l'autre la démocratie sans l'ordre. »

Voilà bien la peinture exacte de l'état de la France. La République nous donne *la démocratie sans l'ordre*, — et l'ordre doit signifier non seulement l'ordre dans la rue, ce qui est affaire de police, mais l'ordre dans les esprits, dans le gouvernement, dans les consciences. — La royauté nous donne *l'ordre sans la démocratie.* Aussi la France n'est calme, elle n'est, — pardonnez moi ce mot, — dans son assiette, que lorsque ses intérêts et ses principes sont d'accord, et elle n'obtient cela qu'avec l'Empire. (*Très bien !*)

Elle l'obtient avec l'Empire, mais avec l'Empire tel que vous le concèvez, et tel que le prince Napoléon le conçoit, lorsque, répondant à M. le marquis de La Rochejaquelein, il s'écrie : « Nouveau venu dans les rangs du Sénat de l'Empire, M. le marquis de La Rochejaquelein se fait une fausse opinion de *l'Empire*, une opinion que je tiens à rectifier devant vous. Nous ne sommes pas, Messieurs, les représentants de la réaction, comme il voudrait l'insinuer. Nous sommes les réprésentants de la société moderne et de ses tendances progressives. »

C'est vrai, car si l'Empire était la représentation des idées réactionnaires, une nouvelle édition de l'ancien régime, il se confondrait avec la monarchie des Bourbons, et on pourrait dire ce que disait le prince Napoléon, le 22 février 1862, à la tribune du Sénat, en ces termes : « Quand vous auriez fait table rase de tout ce que vous appelez les principes révolutionnaires, il arriverait que le comte de Chambord serait appelé par la force des choses sur le trône de l'Empereur. »

Or, nous ne voulons pas d'Henri V, nous n'acceptons pas plus sa personne que ses idées, et c'est pourquoi nous sommes d'accord avec le prince Napoléon lorsqu'il nous demande de préférer l'Empire napoléonien à l'Empire légitimiste (*Très bien !*) et lorsqu'il trace sa voie, notre voie, comme il le faisait, l'an dernier, dans sa brochure intitulée *Les Alliances de l'Empire,* par ces lignes excellentes : « Mon rôle personnel, tantôt effacé, tantôt prépondérant, a eu invariablement le même but : la grandeur de la France, poursuivie par l'alliance des Napoléons avec les idées démocratiques. » C'est cette alliance que nous voulons. (*Applaudissements.*)

Mais les idées démocratiques ne sont qu'un vain mot, si leur triomphe ne tend pas au bien-être du plus grand nombre, à la satisfaction des intérêts légitimes du peuple. Une politique démocratique, c'est bien. Le pain quotidien assuré, c'est mieux. Et tel est aussi le sentiment de notre Prince. Au mois de mai 1858, dans son rapport sur l'Algérie, le prince Napoléon disait : « La sécurité est le premier besoin de toute société ; c'est elle qui, en inspirant la confiance. anime le travail et *amène le bien-être.* » Voilà qui est aussi bien pensé que bien dit. (*Applaudissements.*)

Plus tard, en 1862, parlant au Sénat, le prince Napoléon revenait sur la même idée, en ces termes : « Permettez-moi de faire la comparaison ou plutôt l'esquisse de l'Empire tel que je le comprends et tel que le comprend mon honorable contradicteur. Pour moi, l'Empire, c'est la gloire à l'extérieur, la destruction des traités de 1815, dans les limites de la force et des intérêts de la France ; c'est le soutien, après l'avoir constituée, de la grande unité italienne qui se fonde à nos portes et qui est notre alliée indispensable dans l'avenir. C'est à l'intérieur l'ordre, sans lequel il n'y a rien de possible, que personne ne défendra plus que moi ; c'est le bien-être des masses. » Voilà ce que le prince Napoléon déclare, voilà comme il entend l'Empire... Ne sommes-nous pas d'accord ? (*Très bien ! très bien !*)

Plus tard encore, quand l'Empire n'est plus, le prince Napoléon ne change pas, et voici ce qu'il écrit, en octobre 1871, aux électeurs de la Corse : « Savez-vous quels sont ceux qui ont recruté beaucoup de partisans aux Napoléons ? C'est la maison de Bourbon en constatant son abdication par l'affirmation du drapeau blanc, symbole de l'ancien régime. Ce sont les radicaux extrêmes, abusant de toute liberté et aboutissant après une dictature impuissante et odieuse aux horreurs de la Commune. Ah ! sans doute, nous espérons ouvrir les yeux du peuple en lui faisant comparer dix-huit années de prospérité, de calme, de gloire, et notre situation depuis le 4 Septembre, le commerce languissant, l'industrie paralysée, les ateliers fermés. Tel un homme misérable, maladif, se rappelle son état de vigueur et de force. Quand nous aurons obtenu l'appel au peuple, la réparation pourra commencer. » Ne trouvez-vous pas que cette appréciation est de nature à nous convenir ? (*Très bien !*)

Plus tard enfin, au mois d'avril 1873, le prince Napoléon disait aux mêmes électeurs :

« Vous pouvez maintenant juger la coalition de ces hommes qui ont commis l'attentat du 4 Septembre en présence de l'ennemi. Ils voulaient, disaient-ils, l'affranchissement du peuple et la liberté. Le peuple n'a jamais été plus opprimé, plus pauvre, plus malheureux que sous leur règne ! » N'est-ce pas vrai, Messieurs? (*Oui ! oui !*)

J'ai hâte de terminer (*Parlez ! parlez !*) car je vois que votre conviction est bien faite, mais puisque la question des traités de commerce est à l'ordre du jour, puisque les incapables qui nous gouvernent ne savent faire, en ce moment, qu'une chose ; ajourner les solutions ; puisqu'ils font voter par leurs fonctionnaires qui sont sénateurs et députés, tels que le procureur général de la Cour de cassation, le procureur général de la Cour de Paris, les administrateurs des chemins de fer de l'Etat, le gouverneur du Crédit foncier, le gouverneur de l'Algérie, les ambassadeurs de Berlin, de Londres, de Vienne, de Berne, etc., — tous grassement payés par les ministres qu'ils avaient reçu mandat de contrôler, — puisqu'ils font voter une loi qui tiendra en suspens tout notre commerce, au lieu de lui rendre ses garanties, ne voulez-vous pas connaître, sur ce sujet aussi, l'opinion du prince Napoléon ? (*Parlez !*)

En 1863, le 25 janvier, à la suite de l'exposition de Londres, le prince Napoléon s'adressait en ces termes à l'Empereur : « Au nom de l'industrie française, Sire, je vous remercie de votre courageuse et persévérante initiative à surmonter tous les obstacles, sans vous arrêter à ces oppositions passagères, souvent inspirées par des intérêts particuliers, pour mettre la France à la tête de cette politique de *liberté des échanges* qui fera sa prospérité. Qu'il me soit permis de rappeler que le premier résultat de cette politique a été, lors de la mauvaise récolte en 1861, d'obtenir le pain à un prix modéré et de satisfaire le consommateur. C'est une nouvelle preuve de cette vive sollicitude que vous portez aux classes laborieuses, qui eussent payé leur pain beaucoup plus cher sans la suppression des entraves au commerce des blés. »

Et, quelques années après, au mois de septembre 1869, le prince Napoléon ajoutait ceci : « La réforme commerciale, qui a soulevé tant d'objections et de terreurs intéressées, est une des causes de cette richesse du pays que nous constatons, de cette multiplicité de moyens de transport ; elle rend les disettes impossibles et donne le pain relativement à bon marché au peuple. » Vous voyez, Messieurs, que nul n'approuve plus que le prince Napoléon la grande réforme économique réalisée par Napoléon III. (*Très bien* !) Ce n'est pas encore sur ce point-là, convenez-en, que le prince Napoléon répudie l'héritage de ses devanciers. (*Applaudissements.*)

J'arrive au dernier point de la démonstration que je voulais faire. Vous avez vu que, au point de vue religieux, au point de vue démocratique, au point de vue du libre-échange, le prince Napoléon est, par toutes ses idées, le représentant exact et fidèle des Napoléons. Il me reste à vous montrer ce que le prince a dit de notre principe fondamental de l'Appel au peuple, et vous verrez si quelqu'un a le droit de lui faire à ce sujet la leçon.

Dès le mois de mai 1871, lorsque l'Empire venait de tomber, lorsque nos plus vaillants amis d'aujourd'hui oscillaient et cherchaient leur voie, le prince Napoléon protestait seul, et voici ce qu'il écrivait publiquement à M. Jules Favre : « Ce n'est pas dans un principe qui est la négation de la société moderne, dans le drapeau blanc que la France ne connaît plus, dans la négation du suffrage universel, dans la terreur blanche succédant à la terreur rouge, dans la fusion des prétendants, ce n'est pas là que se trouve le port. Non, à une société nouvelle, il faut un symbole nouveau ; il faut, et le droit moderne le veut, il faut l'abdication de tous devant la volonté du peuple librement et *directement* exprimée ; hors de là, encore une fois, il n'y a que chaos. La foi monarchique ne se décrète pas; la seule base sur laquelle un gouvernement en France peut asseoir son principe, la seule source où il peut puiser la légitimité et la force, c'est l'APPEL AU PEUPLE, que nous réclamons, et que la France doit exiger. »

Or, quand le prince Napoléon protestait, avec cette netteté, en faveur de l'Appel au peuple, où étions-nous? Nous cherchions les responsabilités encourues, nous n'étions pas bien sûrs de l'avenir. Nous errions à la recherche de nos principes. Et ceux qui aujourd'hui posent des conditions au prince ne tenaient certainement pas avec la même énergie l'admirable langage que je viens de reproduire! A ce moment-là, combien d'entre nous avaient le courage ou la franchise de protester comme le prince Napoléon? (*Applaudissements.*)

Au mois d'octobre de cette même année 1871, quand le parti impérialiste gisait à terre, voici encore ce que le prince Napoléon écrivait aux électeurs de la Corse : « Oui, un appel au peuple est nécessaire. Usant de son droit imprescriptible, le peuple doit se prononcer sur les trois questions suivantes : *République, Royauté des Bourbons, Empire des Napoléons:* Vous le voyez ; vous pouvez répondre hardiment à ceux qui nous accusent d'intrigues, que nous sommes, non des prétendants à l'Empire, mais des prétendants à l'APPEL AU PEUPLE. » Est-ce franc ? Est-ce clair ? (*Très bien* !)

C'est ensuite que, devenu majeur, le Prince Impérial nous disait : « *Le plébiscite, c'est le salut, et c'est le droit.* » Le prince Napoléon l'avait déjà dit. Et, au mois de février

1876, lorsque, à la suite de dissentiments politiques que j'ai expliqués, le prince Napoléon posait, dans l'arrondissement d'Ajaccio, sa candidature en opposition à celle de M. Rouher, croyez-vous que ce soi-disant républicain ait abandonné sa doctrine plébiscitaire ? Jugez-en. Voici ce que contenait sa profession de foi : « La souveraineté nationale est la base de notre droit public. Sa manifestation *directe* donnerait des racines profondes au pouvoir, en lui permettant de marcher résolument dans une voie démocratique. »

Ainsi le prince Napoléon a reconnu le fait républicain. Et qui peut le nier ? Il a même déclaré qu'il l'acceptait. Belle concession, vraiment ! Ne sommes-nous pas bien obligés de l'accepter aussi ? (*Rires.*) Le prince pense que, si la République donnait au peuple la liberté, la justice, le bien-être, nous ne devrions ni ne pourrions la renverser. Certes si la République n'a pour sauvegarde que le bien qu'elle fait à ce peuple auquel elle a tant promis, le temps n'est pas loin où le peuple désabusé la renverra au Musée des antiques. (*Rires et applaudissements.*)

J'ai fini. Vous savez que le groupe parlementaire des sénateurs et des députés de l'Appel au peuple s'est réuni, samedi dernier, en réunion plénière. La *déclaration* qu'il a votée constate le droit du prince Napoléon, et le proclame chef du parti impérialiste. Les citations que je vous ai apportées, et que ceux appuyé, mais je ne l'aurais pas combattu, ni qui hésitent se gardent bien de méditer, vous démontrent que le prince Napoléon a pour lui l'hérédité constitutionnelle et l'hérédité morale. Si l'on refuse de le reconnaître, on reste dehors, dans un parti de fantaisie, dans un Empire sans Empereur, dans un bonapartisme sans Bonaparte, dans un napoléonisme sans Napoléon, dans une politique sans avenir. (*Très bien !*)

Est-ce là ce que vous voulez ? (*Non ! non !*) Vous n'êtes pas, vous, des politiciens. Vous êtes des hommes de travail que les discussions byzantines n'émeuvent pas. Les polémiques dont quelques échos vous sont transmis par les feuilles radicales, fières de trouver des alliés inattendus, vous attristent sans vous ébranler. Vous ne scrutez les consciences de personne. Vous admettez même que les objections peu fondées qu'opposent quelques-uns de nos amis aux droits incontestables du prince Napoléon sont inspirées par des inquiétudes désintéressées et sincères. Mais ne pensez-vous pas que lorsqu'on s'honore d'être le champion de l'idée napoléonienne, le premier devoir consiste à ne pas diminuer l'autorité et le prestige du chef de la famille des Napoléons ? (*Très bien ! applaudissements répétés.*)

Je vous l'affirme, Messieurs, si je n'avais pas trouvé dans le prince Napoléon les garanties complètes qu'il offre à mon patriotisme, à mes sentiments religieux, à mes convictions démocratiques, je ne l'aurais pas décrié. (*Très bien* !) Il est le neveu de Napoléon Ier. Si sa politique m'avait paru périlleuse ou déshonnête, j'aurais attendu, dans la retraite et dans le silence, que les évènements eussent rendu un théâtre à mon énergie et à mes convictions.

Mais, loin de là ! je souffrais depuis longtemps de certaines tendances anti-démocratiques et ultra-religieuses auxquelles quelques-uns de mes amis se prêtaient trop volontiers. Le souvenir de nos insuccès du 24 Mai et du 16 Mai avait achevé de m'éclairer sur les périls d'une politique à laquelle les masses populaires se montraient rebelles. Nous étions dans une fausse voie. Rentrons dans le droit chemin, en disant que si le peuple tient à la République, uniquement à cause du mot, nous le laissons libre de mourir de faim à côté de cette formule vide. Mais que si, par République, il entend un régime où la démocratie est respectée, où les masses trouvent le bien-être, où l'ouvrier voit ses salaires augmenter, où nos populations rurales accroissent leur épargne, cette République-là, nous la lui offrons, elle s'appelle de son vrai nom : l'Empire. (*Applaudissements.*)

Quant à moi, convaicu que le prince Napoléon est l'héritier légitime de notre dynastie nationale, persuadé que son intelligence, que nul ne conteste, saura triompher de toutes les difficultés, et ayant reconnu par une étude consciencieuse que ses doctrines sont absolument conformes à celles de nos Empereurs, j'ai adhéré et je reproduis ici mon adhésion à la déclaration du groupe de l'Appel au peuple, qui l'a proclamé notre chef. (*Très bien !*)

Ainsi resterai-je fidèle à notre grande Révolution de 89 et aux Napoléons qui la représentent ! (*Applaudissements répétés. Cris de : Vive M. d'Ornano !*)

Pendant près de trois heures, plus de deux mille hommes, venus de toutes les communes de l'arrondissement de Cognac et de quelques communes des arrondissements voisins, ont écouté et applaudi le discours qu'on vient de lire.

Pendant plusieurs heures ensuite, le député de Cognac a reçu les poignées de main, les témoignages de sympathie, les adhésions chaleureuses de son auditoire.

Ceux qui prétendent que le parti de l'Appel au peuple est hésitant ou désuni n'avaient qu'à se rendre à la réunion de Bassac ; ils auraient compris que l'avenir est à nous !

Angoulême. — Imp. BAILLARGER, rue Tison d'Argence.

194

www.ingramcontent.com/pod-product-compliance
Lightning Source LLC
Chambersburg PA
CBHW061330060726
47596CB00003B/1176